Ingeborg Huberti, Erkrath 2001
Alle Rechte liegen bei der Autorin
Herstellung: Books on Demand GmbH, Norderstedt

ISBN 3-8311-2334-9

Fotografien: Almuth Schulz-Koepchen

WEGGABELN UND WEGMARKEN

WEGGABEL

Welchen Weg du wählst,
geh nur, zaudre nicht.
Dich wirst du finden,
wohin du gehst.

AM STEILHANG

Entwurzelte Tannen am Steilhang,
zersplitterte Äste,
die Steinlawine im Talgrund.

Vom schmalen Felsenpfad
der Blick in die Tiefe
verlockt – erschreckt.

Der Abgrund. Dir schwindelt. Zurück!
Dein Auge ins Weite heben,
ins Licht der Himmelszonen.

ÜBER DEN SONNENBALL

Über den Sonnenball
ziehn Wolkenfelder.
Er schwindet, schimmert matt,
erstrahlt im Blau und blendet.

In dunkle Wolke gleitet er,
durchs Dunkel, leuchtet,
Glutball in die Tiefe.

Es wechseln Licht und Wolkendunkel
auf deinem Weg.

STURZBACH

Sturz und Sprung und Schleier.
Rinnen, Rieseln. Wasser
trennen, einen sich,
spalten, höhlen Runsen.

Sturzbach grub und grub
tiefe Schlucht und strudelt
felsab, wälzt Gestein,
tost und sprengt den Fels.

Tief im Tale blühen
Wiesen, grünen Wälder.
Leben schenkt der Bach,
Wandel Au und Ufern,
weitet sich zum Strom.

AUFSTIEG

Den Aufstieg liebst du, such
ihn in der Morgenkühle.
Den Aufstieg schaffst du
mit Bedachtsamkeit.
Den Gipfeln nah, den Wolken
erfahre deine Kraft.

Erfahr das Maß, das uns bestimmt,
an Urgestein und Wassern.
Fühle dich eins mit Baum
und Blume, Gräsern, Stein.
Wende den Blick voll Zuversicht
ins Helle, Weite.

ABSTIEG

Abschüssig, feucht,
steinig der Pfad.
Mut und Besonnenheit,
sicheren Tritt
fordert der Steg hinab.

Wenn du auf ebenem Wege
Fuß gefaßt, bedenk,
zu unbekanntem Fernblick
führt der nächste Aufstieg.

RHÔNETAL

Die Straßengeraden, die Schienen
genau auf die Bergwand bemessen,
die Rhône gezwängt in Beton.
Die rechten Winkel
der Aprikosengärten:
Geometrie der Fluren.

Darüber
die Asymmetrie
der Kirchen, der Weiler
auf Bergvorsprüngen,
im Schutz der Mulden,
verwitternde Schroffen,
regellose Runsen.

FAHRT DURCH DAS RHÔNETAL

Asphaltband, silbern,
Pappelstriche,
Rhône im Betonbett,
gletschergrün.
Wohnmobile, Boot auf Rädern,
Limousinen, schwere Fuhren,
gelb und rot im Sonnenglast.
Silbern das Band der Straße,
silbern die Erlen am Fluß.

Tanksäulen, Wellblechdächer.
Vom Lack vergnügter
Sonntagstour
glänzt gelb und rot
ein Schrottberg.

Pappel an Pappel,
Wagen auf Wagen.
Südwärts, nordwärts
Jagen und Dröhnen...
Fliehen – wovor?

CHASTÉ

Es lockt und ruft ein schwarzer Mund.
Im stillen Spiegel keine Regung.
Es glänzt und schweigt der Rätselgrund.
Das Wasser überzieht Bewegung
von Wipfelschatten, Wolkenfähren.

Der Wind stößt durch die Föhren.
Es klagt, als wären
am Abhang Stimmen und riefen.
Wie leicht sich die Sinne verlören
ins Spiel der Schatten und Tiefen.

Am Felsen Widerhall:
Der Abendpost Signal.
Kehr heim,
eh Dämmrung löscht den Pfad im Wald.
Schritt um Schritt verhallt.

(Chasté – Halbinsel im Silser See / Engadin)

IN ENGELBERG

Tosender Wildbach,
lärmender Hubschrauberflug
hallt an den Felsen wider.
Läuten der Klosterglocken zum
Abendgebet.

HERBSTABEND

Schleier über Bach und Weiden -
Abendstille, Atem schöpfen.
Unbelaubte Kronen golddurchwirkt.
Fächer streng ins Blau gezeichnet.
Hauch und Lied aus
Strauch und Hecken.
Danken. Schweigen.

SERENADE

Die Abendfarben sanft vermengt,
auslaufend Wasserblau,
gedämpft mit Grau.
Ein tiefres Blauen schenkt
dir Eisenhut,
Seetiefe, augenblau,
worauf das Schweigen ruht.

Das sterndurchwirkte Blau,
in das Musik nur reist.
Im Äther schwillt der Ton,
der in Versenkung weist.
In Sternenregion
verborgenes Schwingen, Kreisen.
Der Sphären Singen, Preisen.

STEINE

Vom lauten Bach umrauscht
in dumpfem Traum,
vom Wasser all der Jahre
umspielt und überflutet,
ihr Steine, schwer und stumpf.
Von alten, starken Wassern
geschliffen, hell,
blinkt ihr und tanzt
im Wellensturz.
Zerbrechen schmerzt nicht.

TROPFSTEIN

Es sickert, sintert
durch Fels und Spalt.
Erstarrend formt es
Gestalten, Tor und Höhle.

Den hängenden Pyramiden
entgegen
die wachsenden Säulen.
Tropfen und Sintern...
In Jahrtausenden
Zusammenwachsen,
Verschmelzen.

BRÜCKE IN RONDA

Weiße Segel aus Kinderhand
schweben unter der Brückenwand
langsam zum Grund der Schlucht.
Im Schattendunkel unten rinnt der Bach,
der durch den Felsen einst die Kluft grub,
ganz still, gemach.

SCHLUCHT UND FLUSSTIEF

Schlucht und Flusstief
überschwingen,
eine Brücke bauen.
Festverankert ragen
die Pylone, tragen.
Seile singen
hoch im Blauen.

SPIEGELNDER FLUSS

Leise Stadt im murmelnden Strom,
auf und nieder tauchen
ihre schlanken Türme
neben bauschenden Wolkensegeln,
lautloses Schaukeln
im braunen Grund.
In zerbrechender Welle
rühren sie weiß verwehend an
Domes Spitze.

ÜBER DER NACHTBLAUEN TIEFE

Über der nachtblauen Tiefe
tanzende Sonnenringe,
segelt der Adler,
singen Gestirne.

TOSKANA-FROST

Gebeugt, gewunden
des Ölbaums Stamm
in Sturm und Hitze.

Starker Frost
brannte
schwarz den Hang.

In starrem Blattwerk
Todesrascheln.

HASELBLÜTE IM FROST

Grüngolden fließt das Haar
der Hasel im Winterlicht.
Harscher Wind strähnt es
im eisigen Februar.

Taube Nüsse fallen
im späten Jahr.

BEGEGNUNG IM PARK

Laubeskuppel,
Schatten dem Gotte,
senkt der Regen.
Harte Nässe peitscht
weiße Schulter.
Herbstschauer –
taumelnde Blätter
braun und blutlos
über das marmorne Antlitz,
schlagen an Wangen und Brust,
segeln tiefer und verbluten
purpurn zu seinen Füßen.
Lächeln, steinern, listig.

KRATERGLUT

Bergspalt klafft,
Kraterglut,
Erdsturz rollt,
Brücken frißt der Strom.
Ineinander schlagen
schrill im Sturz
Kreuz und Sichel.

Lava birgt
Marmorstümpfe,
zerbrochene Glocken,
geschmolzenen Stahl.

Scherben, Versteinerungen
die dauernden Zeichen.
Keiner, der
sie entziffert.

Langsam wächst Eis
über den Kratern.
Gletscher und Lava
zerschmelzen in Nebeln.

FERNES DUNKEL

Sterne glühen auf,
Strahlen ferner
Energien.

Zwischen ihnen
schwarze Tiefe,
unausmeßbar,
zuckt nach Leben.

Finsternis greift mit
hundert Zungen
nach den Sternen,
schlürft ihr Licht.

WEGE

Wege, bezeichnet, befohlen, gebahnt,
befolgt erst, später umgangen.
Dann hast du selbst deinen Weg geplant
zwischen Hoffen, Irren und Bangen.

Wege durch Wälder und Fluren.
Wind und Lied in den Ohren.
Suche nach gangbaren Spuren,
wenn du die Richtung verloren.

Wo der Weg sich verzweigt,
ins Unwegsame steigt,
wo du dich entscheiden mußt,
weiter, weiter zielbewußt.

IM FLUSS DER ZEIT

IM FLUSS DER ZEIT

Vom Ufer schaun, wie rasch die Strömung treibt?
Was im Gestrüpp der Weiden hängen bleibt?

Im Fluß der Zeit, der Strömung entgegen
beharren in schmeichelnden, drängenden Wellen,
im Auge der Fluten Strudeln und Schnellen,
Treibgut und Strandgut, im Steigen, im
Schwellen
Grund suchen, Halt im Strömen der Zeit.

FRÜHNEBEL

Frühnebel um das
Filigran
märzjunger Birken.
Hüllen um
schwellenden Trieb.

Erinnern an
frühes Erröten,
ein Lächeln, das
ich nicht erwidert.

STRENG BRENNT DIE GLUT

Streng brennt die Glut
wie eine Wüste ohne
Zuflucht im Schatten.
Du flehst umsonst,
daß es dich schone.
Steil fällt und sticht
der Sonne Brand
und widerglüht
in Sand und Sand.
Fliehen ins schattende Haus?
Noch aus den Mauern bricht
gesammelte Hitze aus.

DIE FREMDE, PEREGRINA

Im Kleid der Armut kamst du,
schutzlose Gauklerin.
Doch meine Ruhe nahmst du.

Du hast genug gesungen,
geh! Du hast, Bettlerin,
zu Tränen mich gezwungen.

Der Abschied. Du bliebst stumm.
Fort, laß dich nicht mehr sehen
und schau dich nicht mehr um!

Nun warte ich beklommen
und kann mich nicht verstehen.
Wann wirst du wiederkommen?

ABREISE

Zwei auf dem Bahnsteig,
stehn eng umklammert.
Was noch zu sagen?
Tränen und Küsse.
Einfahrt des Zuges.
Festhalten. Lösen.
Die Türen schließen!
Signal zur Abfahrt.
Aus fernem Fenster
Winken und Winken.
Stöckeln treppab.

MEDEA

Einmal an Walddunkels Rand,
hat mich das Licht übermannt.
Wehrlos in grausamer Süße
stockten die schweren Füße.
Blut schoß in die Wangen.
Aus den Augen sprangen
gierige Flammen.
Dann schlug es über mir zusammen:
Brandende, lichtgrüne Wogen,
in strudelnde Tiefe gezogen,
in einen Traum von grünem Kristall.
Das Meer in riesiger Muschel Horn
orgelte Wonne und Zorn.
Gläserner Kugeln Spiel
stieg und fiel,
grüner Kristall.
Licht war, Licht überall.
Ich griff nach den Sonnenspeeren,
die in den Wellen zerbrachen
und doch in die schweren,
trunkenen Sinne stachen,
sank in grundlosem Fall.
Licht war, Licht überall.

Zerschellt der kristallene Traum.
Nackt an der Brandung Saum
lag ich auf glühendem Sand,
ein Vogel, der hilflos schirpt
und sich preßt in den Sand
und, noch atmend, langsam verdirbt.

DORNRÖSCHENS ERWACHEN

Erfühlen
begehrender Lippen.
Erschrecken.
Dein Staunen.
Ein Fremdgesicht,
verwirrend,
umtasten,
von Licht umflutet.
Die wärmenden Augen,
behutsame Hände
und nahe Liebesworte.

Vertrauen wächst
in den Fremden.
Unsichre Schritte
auf die Liebe zu.

Was wuchs, was zerbrach,
was geschah, als ich schlief?
Das jähe Erinnern:
Die Spindel, die Nadel.

Gelächter, Türenschlagen,
das Scheppern von Töpfen,

das Kreischen der Sägen,
Gebell, die Peitsche.
Es lärmt im Schloß, im Hof.
So war's, so immer noch?

Doch draußen. Nichts, wie es war.
Geschlagen der Wald,
die Hecke verbirgt
die Brücke, den Fluß.

Vergangenes türmt sich,
unwegsame Grate.
Rot leuchtende Felsen.
Schluchtdunkel verborgen,
in Tiefen verloren,
Verwehtes, Verschüttetes.

Verwandelte Welt,
verwirrend und fremd.
Nimm wahr, was dich
umwebt, umarmt.

Strahlenförmig
ausgebreitet
Wege der Zukunft,
senden Signale.

NACH DER FLUTUNG

Im Mauerwerk der heißen Nächte Schweiß,
der Kinder Lachen, Weinen, Angst und Stöhnen,
in dunklen Flur geraunte Liebesworte.
Verstummt das Hämmern, Schmieden, Sägen,
der Nachhall flehender Gebete,
des Chors im Obergaden.

Die Schleusen geöffnet:
Es steigt aus den Kellern,
bricht ein in Küche, Schlafraum, Werkstatt,
reißt aus die Sträucher,
schwemmt fort die Blumen,
zerwühlt die Gräber.

Es steigt über Dächer
und Kirchturmspitze.
Versunken Streit
und Lust und Lied.
Kein Glockenklang.

MÜDER WEIHER

Trüber Weiher, undurchsichtig.
Müdes Wasser, fließt nicht,
schwemmt nicht fort die Blätter.
Regungslos auf blindem Spiegel
träumen Wipfel, Wolken.

IM TUNNEL

Kein Ausblick.
Felswand umschließt dich,
lichtlos, klamm.
Aber dem Ausgang zu
erwartet dich strömende Lichtflut.

MAIHAGEL (1997)

Maihagel schlug
Magnolienblüten nieder.
Am Rhododendron zerrt
der Wind, zaust Rosen.
Jasmin- und Fliederduft verweht,
Kastanienblüten, welk, verregnet,
und Kirschenweiß im Gras.
Das Frühjahr jagt
dem Sommer zu.

Verblaßt der Raps,
das Gras geschnitten.
Der Weizen liegt
nach heftigem Gewitter.
Der Blätterfall,
der Ebereschen Rot
verkünden nahen Herbst.

Verstummen wird
der Sommerstimmen Chor.
Die Schatten werden lang.
Das Dunkel wächst.

DER KRANKE

Er verfolgt, wie
sein Puls pocht,
die zitternden Knie
die dürren Schenkel
nicht mehr tragen.

Er verfolgt, wie
sein Blut ausrinnt,
die Stimme versagt,
er sprachlos, mit Gesten
sich mißverständlich macht.

Die Zunge benetzen,
den Durst lindern,
stillhalten.
Horchen, warten,
verlöschen.

SCHLAFLOSE NACHT

Der Schlag der Uhr.
Der Kranke horcht:
In den Trümmern schreit
die Irre, schreien
streunende Katzen.
Ein Flugzeug dröhnt.
Vorbei. Der Stirnschweiß.
Die trockene Zunge.

Der Schlag der Uhr.
Er horcht und horcht.
Die Igel sägen.
Das Martinshorn
fern, schon verstummt.
Zaghaft probende
Vogelrufe.
Der Schlag der Uhr.
Wann wird es Tag?

BIOGRAPHIE

Lichtdurchströmte Stunden,
wärmende Worte
lese ich,
Wunden, vernarbt,
suche klaffende
Lücken zu schließen.

Eisblüten, unerschlossen,
zeichne ich nach.
In das treibende
Nachtgewölk schreibe ich
nicht gelebtes Lieben,
offene Fragen,
halte den Kelch,
schmerzgegossen, gehärtet.

KUNSTFLUG

Spielen wollte er
mit der Gefahr,
höher sich schrauben,
höher und höher,
silberner Vogel,
blitzen aus Wolken,
über den Köpfen der Schmäher,
über den Blicken der Neider,
über dem Jubel der Freunde.
Kühner und kühner,
Schleifen und Sturzflug,
Looping und Trudeln.
Spiel mit dem Tod.
Der gewann.

BOEING IM STROM

Der große, seltsame Fisch,
die silbern blinkenden Schuppen
auf dem Grund des schnaubenden Stromes,
in den Sand die spitze Schnauze gewühlt.
Seine Flossen rührt er nicht.
Seine silbernen Kiemen
atmen nicht.

Neugierig nahen
wagende Hechte,
kreisen zögernd,
und sein offener, schwarzer Bauch
lockt zu Durchschlupf und Versteck
scheue, hastige Brut.

Überflutet und umwogt
fiel er tief in Zauberschlaf.
Zwischen Schwamm und Algen flüstern
weiße Lippen schwere Träume.
Mit den Fischen reden
Lippen ohne Hauch.

TODESAHNUNG

Ein Blick noch, ein Hauch.
Verhallend, fern, der Chor.
Einebnende Stille.

Saatkornleicht
sinken in
dunklen Schacht.

Noch eine Weile
flügeln, summen
in deinen Träumen,
Nachtgedanken.

Noch eine Weile
Flüstern in den Sträuchern,
im Hauch der Rosen
von dir, zu dir.

ABSCHIED

Abschied, ehe
wir uns ins Auge gefaßt,
uns, was zu sagen war,
gesagt,
was uns zu wissen notgetan,
gewußt,
ehe wir uns vertraut,
Abschied.
Hilflos Dank
in fallende Blumen gestammelt.

LUZIFER IN FÜSSEN

Goldenglänzend wie die Monstranz auf dem
Altar.
Luzifer, einst Lichtträger Gottes,
Abtrünniger, Verweigerer, trotzend.
An den Altartisch gebannt,
Flügel spreizend, eingebunden,
um ihn, über ihm,
Liturgie, Gebet und Chor.

SANDSTEIN

DER FELSEN

Aus Muscheln, Käfern unter heißem Licht,
verwelktem Laub, der Fernen Staub,
aus tausend Toden wachsend Schwergewicht,
zum Felsen, Nachbarn werden dir die Lüfte,
die Wolken, Nebelschwaden und die Klüfte.
Insekten, glitzernde, umschwärmten dich
im einmaligen Glück des Schwebens.
Die Jauchzer leidlos kurzen Seins umlärmten
dich,
Geflatter schnell verglühten Lebens.
Fremd standest du in starrem Schweigen
in diesem lebensvollen Reigen.

DAS MÜNSTER WÄCHST

Aus der Schwere, aus der Starre
sich zu lösen.
Sprengend zersprengt,
auf neuem Grunde

zu Quadern gefügt.
Aufwärts streben,
steigen und steigen
in blauen Raum,
zum Strahl verjüngt.

DER GLOCKENTURM

Nicht mehr dein eigen
bist du, der offene Turm,
der tief in seiner Dunkelheit
die Glocke Gottes hegt.
Über dem Lärmen der Zeit
dein Schweigen.
Der Markt verstummt,
wenn der Glöckner, der Sturm
die erzene Stimme bewegt.

DER STURZ DER VERMESSENEN

Gespannt die Sehne, stolze Niobe,
in das entsetzensleere Auge tritt,
in dein gefrierend Blut der Gott.
Kein Sühnerauch hält das Verhängte auf.
Pfeil schwirrt auf Pfeil und trifft.
Schwer stürzt dein Ältester, es taumelt
mit blutger Stirn ein zweiter nieder.
Da gellt des Jüngsten Fluchtschrei.
Der Liebste starr
erwartet das Geschoß.
Verhüll dein Aug', zerreiß
den Purpurprunk und schlag
Verzweiflungsnägel
in die nackte Brust.
Wirf in den Weg dich ihm.
Vergebnes Flehen.
Apollon zaudert nicht und zielt,
bis er den Spruch erfüllt.
Das Haar von Asche stumpf,
heul deinen Wahnsinn
ins Kreischen der Erinnyen.
Es rettet nicht die zarten Töchter dir.
Mit scharfer Sense schneidet Artemis,
bringt ihre Ernte ein.

Fern die federnden Schritte der Götter.
Blutrauch über der Burg.
Stöhnen der Sterbenden,
haltlose Klage der Weiber.
Schreie der Geier
fallen in taubes Ohr.
Das aufgerissene Auge gesichtlos:
Versteinernde.

HÖHENWANDERUNG

Abendröte
über den Schluchten Gottes.
Fern der Rauch der Hütten,
Glockenläuten im Tal,
Schatten nahen.
Ihre frostige Ankunft.
Wanderer über der Schlucht.
Hochgeschwungene Brücke.

Sehnsucht, wegunsicher,
hemmt den Schritt nicht,
der durchs Eisen zittert.

Im fahlen Dämmern
strafft er sich,
kämpft Schwindel nieder,
geht und schwankt,
geht und stürzt,
mein Bruder.

AN HÖLDERLIN

Schatten wuchsen. Unter plötzlicher Last
barst der Himmel. Nacht brach ein. Sternenlos.
Daß du nicht zufälligen, unverständigen Ohren
deine dräuende Botschaft länger verkündest -
Schwindel ergriffe die Unbereiten - rissen
deine Götter dich hinab in ihr Dunkel.

Wirst du im stillen Turm nun tauschen ein Wort
mit dem Fluß, den laut der Tag überdröhnt mit
eiligen Wagen, gellenden Stimmen der Händler?
Tauschen mit Winden, weitgewanderten, wenn
sie
flußauf die Schwingen breiten, Gesang um
Gesang?
Zum Verborgenen reden, das Tiefe verhüllt?

Spürst du noch schmerzende Enge der Kammer,
der Stirn?
Mauern stoßen nicht mehr mit feindlicher
Scheidung
das nach Verschwisterung dürstende Herz
zurück.

Leicht wie Nebel und Wolke verflüchtigt sich
Zeit.
In den Nachtraum getaucht, erloschen die Farben,
Blüten der Vielfalt, die Namen. Wirst du,
umrankt,
übergrünt von Vergessen, im Dunkel des
Schoßes,
wenn der nahe Strom in deinen Traum singt,
ruhen vom Leide, ahnend im Schattentor?

IM TRAUM BEFANGEN

Der strenge Schlag
der Glocke traf.
Die Stille zerbrach.
Weckt er die Seele
aus Traum und Schlaf?

Das frohe Signal
der Lichtfanfaren
zersprengt im Tal
der Nebel Scharen.
Die Schemen schwinden.
Wird aus dem Traum
die Seele sich winden?

Was hilft Erwachen?
Versteckt in Schlünden
Dämonen lachen:
Was wollt ihr gründen?
Was sucht ihr im Licht?
Ihr Tagesblinden,
was wollt ihr finden?
Wollt fliehen aus dem Traum
und tragt den Traum ins Licht.

FEDERNDE WAAGE

Federnde Waage,
ruhloses Schwanken.
Die Schale fällt
und schnellt empor,
sinkt, zittert, sucht
den Ruhepunkt.

Gewicht der Trauer,
der Tränen drückt
die Schale tief hinab
zum Nullpunkt.

Der Sockel bebt.
Die Waage schwankt.
Stürzender Balken
schlägt auf die Schale.

Wie noch zu messen?
Wie abzuwägen?

IONISCHE SÄULEN

Euch, stille, weiße Tragende
drückt Dach und First nicht nieder.
Ihr tragt den Architrav
wie Mädchen Krug und Kranz.

Ihr hoch ins Blaue ragende
werft starke Schatten nieder,
wenn euch die Sonne traf.
Des Marmors warmer Glanz.

Uns spricht aus euch Verschweigenden
entsunkener Welten Schicksal an.
Ihr ruht. Und seid die Steigenden
und zieht mit euch hinan.

SCHEINWERFERSCHEINWELT

SCHEINWERFERSCHEINWELT

Scheinwerferscheinwelt
blendet, verblendet.
Streiflicht auf Streiflicht.

Kameraauge
faßt Bildschnitt um Bildschnitt,
grenzt aus, grenzt ein.

Mit unseren Teleskopen
in Sternenferne zielen,
Atome, Gene jagend,
entschlüsseln ihr Geheimnis.

Ahnungen nur
sind unser Teil.

Unermeßlich das Sein.

SIE UNTERHALTEN

mit brot und bier
mit bett und dach
sie an der leine
sie ruhig halten

sie unterhalten
mit song und sex
mit spiel und spaß
freizeit gestalten

ihr wünschen verwalten
ihr wollen umschalten
sie halten sie spalten
ihr denken ausschalten

FEST DER GLEISSENDEN LEERE

Fest der gefüllten Kristalle,
matter Belag auf
Büfett und Vitrinen,
Rauch um graue Stirnen.
Die immer Leere trinken
schwimmen voll und schwer.
Ausgeprahlte Geschichten,
ausgeschwitzte Gedanken...
würde, möchte, wenn...
wenn ohne Ende.

ALLE FERNEN

Alle Fernen
überwinden
die Motoren,
nicht die Ferne
zwischen Ich und Du.

KEINE BRÜCKE

Rasch treibt die Strömung.
Holz schlägt an Bohlen,
Welle an Buhne und Böschung.
Schlepper in Stromes Mitte
träge aufwärts tuckernd.

Ihr am anderen Ufer,
Schemen im Nebelfeuchten,
bald von der Dämmrung verschluckt.

WOLKENSPIELE

Friedenswaffen,
Menschenrechte,
Freiheit, Gleichheit,
Wolkenworte.

Himmelsspiele:
Wie sie sich dehnen,
lösen und finden,
Hafen und Nachen,
zum Reigen binden,
bald Lamm, bald Drachen,
die Doppelrachen
zu Flügeln winden,
sich wandeln, Chimären.

Ihr Himmelsspiele,
ihr Wolkenworte.

SPRACHREGELUNG

Lawinen töten,
Orkane, Blitze,
reißende Ströme,
Erdbeben töten.

Der Mensch verliert
die Gewalt übers Steuer,
vergißt sich im Rausch,
im Amoklauf.

Der Mensch
löst schonend
die Leibesfrucht auf,
befreit aus
unwürdigem Leben.

TAGESSCHAU

Durchflutete Straßen,
fortwirbelnde Dächer,
entwurzelte Bäume.
Steine fliegen.
Autos brennen.
Straßensperren.
Aufruhr.
Das rührt noch nicht
an die Wurzel.

Danach
Großwetterlage...
Orkan oder Flut?
Wohin treibt der Wind?

TELEVISION

Auf Glasveranden
Sekt versprühn,
auf Samthaut schmeichelt
Duft aus Fernost.
Ferreroküßchen
versprechen Liebesgenuß.
Auf Wellen des Glücks
schwimmen mit Cola.
Im schneidigen Volvo
steil zur Höhe.
Der Duft des Kaffees
schenkt Ehefrieden.

Die Anmut im Eistanz,
die weißen Tennishelden
vor brausenden Tribünen.

Wankende, Hungerbäuche,
rachitische Arme
bettelnd ausgestreckt.
Saugen an trockener Brust.
Augen, blicklos, leer.

Zwischen brandschwarzen
Trümmern Kindersoldaten,
Gewehr im Anschlag.
Ihre Zukunft:
Das Paradies.

AUSSCHALTEN ABSCHALTEN

Ausschalten, abschalten,
die Augen schließen.

Tag für Tag
Blut auf der Straße.
Angst in den Kellern.

Fröstelnde Alte.
Feuchte Ruinen.
Verzweifeltes Hoffen.

Tag für Tag
Morden und Morden.

Proteste, Friedensmärsche,
wo keine Hoffnung mehr?

Wir hören, sehen, schweigen.
Abschalten. Ausschalten.

JAGD AUF ERKENNTNIS

Wissen, das sich selbst nicht weiß.
Diskussionen, laut und heiß.
Thesen, schmilzen rasch wie Eis.

Abseits Horchen, Prüfen leis.
Fragen, Zirkel schlägt den Kreis.
Wissen, das vom Ursprung weiß.

MEDIENWELT

Den Bildern verfallen,
im Netzwerk der Worte
verstrickt und gefangen.

Leuchtkugeln, Lichtspiele
verwandeln den Nachtraum.
Magie und Verführung.

Farbspiele, Klangschleier:
Versprechen und Traum.

Aufschlagen die Schale,
ausschälen den Kern
und prüfen die Süße.

Aufblättern das Buch,
das verloren geglaubte,
lesen und deuten.

ORPHEUS IM WALDE

ORPHEUS IM WALDE

Singt, beschwingte Freunde, singt
euer grundlos heitres Lied.
Werft die Lust der Kreatur
in das Licht, das Himmelsblau.

Daß ich lausche, daß ich lerne,
wie ihr himmelstrebend, ahnend
bald der Freude, bald des Dankes
frohen, reinen Ton anstimmt.

Seit die tiefre Nacht des Hades
mir die Augen hat verdunkelt,
flieht der Blick, der Himmel suchte.
Dunkle Erde zieht ihn an.

Was verstummt ihr? Ach, was lauscht ihr,
lautlos im Gezweige schaukelnd,
meiner Seele Klagelied?
Seid Verwaiste ihr wie ich?

Selbst die Wipfel und die Winde
reden leiser, halten inne.

Hirsch und Rehe horchen reglos.
Euch erinnert meine Weise.

In dem angstweit dunklen Tierblick
schweigt die Klage eures Blutes.
Könnt' ich schweigen und verschweigen,
fliehen vor des Gottes Anspruch.

POETRY 2000

Üppig keimt es
lässig schleimt es
Ungereimtes
Abgefeimtes
schlecht Geleimtes
keimt es
schleimt es

Ungereimtes.

FOTOKÜNSTLER

Auf den Blick
kommt es an,
auf den Blickwinkel.
Der bestimmt,
was du siehst,
wie du siehst.
Auf den Standort.
Auf den Standpunkt.
Der umgrenzt
das Blickfeld.

Wahrnehmen,
für wahr nehmen,
was wahr scheint.

ES SCHWIRRT DER PFEIL

Es schwirrt der Pfeil,
steigt silbern ins Azur
und stürzt ins
Turmalin der Flut zur
Tiefe ohne Aufschlag,
wo's lichtlos,
tonlos quillt und keimt.
Der Schwämme Purpur.
Gezack der Riffe.
Glüht auf, verlöscht,
webt mitternächtig,
Seeanemone, suchend,
regt sich.
Versunkne Fracht,
vom Algenwald
durchwachsen.
Im Traumesdämmer
Violett der Ahnung.

Wirf ab
den schweren Mantel Nacht.

FADEN UM FADEN

Knüpfe den Teppich
Faden um Faden:
Tiger und Einhorn,
Adler und Lamm.
Wähle die Farben,
schlinge die Fäden:
Tiger und Einhorn,
Adler und Lamm.

DER KELCH

Der Kelch
empfängt,
bewahrt
den Wein.
Das Geheimnis:
Der Kelch.
Die Form.

KUNST- UND SCHWALBENFLUG

Sieh, allenthalben
in Himmelsweiten
die Kunst der Schwalben.
Sturzflug und gleiten,
schnappen und flitzen,
zwitschern und schwätzen
auf luftigen Sitzen,
kreisen und steigen,
vorüberblitzen,
sich z e i g e n.

ANTWORT

Spiel ich mit der Sprache?
S i e zwingt mir den Zug auf,
fetzt meine Steine vom Feld,
bietet mir Schach.
Schlage ich Springer und Turm,
schaff ich mir Bahn –
am Ende
setzt sie mich matt.

ZEIT IST MIR NICHT GEGEBEN

Zeit ist
mir nicht gegeben.
Aber Leben
will Zeit.

Sprache
löst und lichtet.
Dich und Ding richtet
Sprache.

Ich schwele
und kann nicht brennen.
Wenn im Nennen
ich fehle?

Schweigen -
Wer hat dazu Kraft?
Meisterschaft
Schweigen.

DER SEHER

Der Seher: Der Blinde.
Der Künder: Der Horchende.
Stammelnder Wahn
reißt Schleier auf.

VERSCHOLLEN DIE SAGE

Verschollen die Sage.
Die Klage vergebens
schwingt auf in die Frage.
Horchen, Besinnen.
Harmonien verborgenen Lebens
dem Schmerz abgewinnen.

SINGE, GEIGE

Schmerzverlorenen
sing Verheißung,
sing und steige
Ton um Ton
ins Entschweben.
Himmelsbotschaft
singe, Geige,
Hoffen, Ahnen
Weltverlorenen.

SAPPHO AN ERINNA

Erinna, löse den Kranz aus meinen Haaren.
Des Lorbeers Ernst und karges, kaltes Blattwerk
beschatten mir die Stirn und mindern meiner
Augen Leuchtkraft.

Er ist kein Schmuck und nicht zum Tanze, er
drückt.
Laß mich vergessen die Tempelhalle kalt,
da strenge Hände preßten auf mein Haupt mir
Kranz und Schmerzen.

Apollon war's. Mit Glutbuchstaben schrieb er
ins Blut, ins Hirn dem Opfer ein sein Brandmal,
daß es ihm nicht entrinnen kann, ihm dienen
muß, ihm leben.

Was hilft es, du geduldig Mädchen, wenn ich
der Tränen Flut an deiner Schulter lösche?
Die tiefre Glut der Lava löscht und lindert
mir kein Gott.

PROMETHEUS 2000

PROMETHEUS 2000

Der Adler nicht,
der Gram zerfraß die Leber.

Die er zur Freude sich geschaffen,
sie schleuderten das Feuer, das
sie wärmen sollte, haßerfüllt,
in Scheunen, Speicher ihrer Nachbarn.
Mit Axt und Keule fällten sie
Geschwister,
und Vaterblut
zerrann in dunkler Furche.

Der Adler nicht,
der Gram zerfraß sein Leben.
Im Graun vor seinen eigenen Geschöpfen
durchfuhr ihn sterbend scharfer Schmerz.

KRIEGSKINDER

Nicht w i r
haben das Feuer gelegt,
nicht konnten wir
löschen den Brand.

Tief in den Traum
fressen sich Flammen.
Beizender Rauch
schwer auf der Brust.

Aufschrecken
aus bleiernem Schlaf.
Wo war ich?
Wann dämmert der Tag?

GEBRANNTES KIND

Gebranntes Kind
scheut nicht nur
das Feuer, meidet
Berührung, hält
Abstand, prüft.
Sagt Nein.

FEUERSPIELE

Es züngelt, bleckt
der Haß.
Die steile Flamme
durchschlägt den First.

Durch Gassen wogt
und wälzt sich breit
die Feuerwelle, tanzt,
frißt, heult, entflammt
der Fliehenden
Haar und Haut.

Der Flammenwall
baut Mauern,
versperrt
den Fluchtweg.

ZU VIEL ZUVERSICHT

Zu viel Zuversicht
auf jungen Gesichtern.
Hoffnung auf Dialog.
Gewehrläufe antworten
scharf und genau.
Unmißverständlich
das Schlußwort:
Panzer.

SCHIFFBRUCH

Zerbrochen
Steuer und Ruder
Rostratten fraßen
Schrauben und Nieten
Treiben in öliger Drift.

Die Rettungsringe
tragen nicht
die Rettungsseile
reichen nicht
Kein Land in Sicht.

SEENOT

Anklammern mit
schmerztauben Händen.
Festhalten, daß sie nicht
abgleiten vom
Bootsrand.
Bangen und Hoffen,
daß niemand sie wegstößt.

ZUKUNFTSSCHMIEDE (1946)

Es hallt aus der Tiefe,
verborgenen Schächten,
metallene Rhythmen,
die lärmenden Hämmer.

Die Gnomen, sie tragen
das Eisen zur Werkstatt,
zerschossene Rohre,
zersprengte Granaten.

Sie sammeln aus Wunden
die tödlichen Splitter
auf Brachen des Krieges,
brandöde, vergessen.

Es zischen die Essen,
es züngeln die Flammen.
Der zackige Todesstrahl
glättet und biegt sich.

Es sausen die Hämmer,
sie formen das Eisen
zum Anker, zum Tor,
zur Glocke des Friedens.

EINER STAND AUF

Einer stand auf vom späten Mahl.
Die Gäste hielten in den feuchten,
zerstreuten Händen den Pokal.
Es spiegelte der Kerzen Flackerleuchten
in Augen, Silber, Gläsern schwankend wider.
Die Flamme schwamm am abgeglühten Dochte
im Wachs und brannte rauchig nieder.
Beschlagne Früchte, die nicht einer mochte.

Verstummt der Witz, das Wortspiel schal.
Und einer strebte aus dem Saal,
vorbei an schwülem, müdem Tanz
durch Duft der Seiden, der Geschmeide Glanz.
In manchen Augen stand es wie Erwachen.
Musik brach ab, es starb das Lachen.

Ein Augenblick war schwer von seinem Schritt,
und einer griff in seines Mantels Falten.
Dann schrie das Saxophon zu neuem Tanz.
Durch Nichtbegreifen ging er, litt,
vom Wissen schwer, und war nicht aufzuhalten.

WAS WIR NICHT HÖREN WOLLEN

Was wir nicht hören wollen,
tönt aus dem Radio.
Was wir nicht sehen wollen,
zeigt uns die Kamera.
Was wir nicht wissen wollen,
wirft Samen in uns,
schlägt Wurzeln.

KASSANDRA (1943)

Was zwingt ihr mich, Olympier, zu tragen
der Zukunft Last, zu künden künftiges Unheil?
Von Tanz, Musik und Festesfreude hallen
die Säle des Palastes und verdrängen
Warnruf und Klage achtlos in die Nacht.

Die frommen Städte schließen ihre Tore
vor meiner Botschaft, die die Nachtruh raubt.
Die Blinden erbittern stärker Beistand und
Führung
als alle Bedürftigen. Sie tasten an Mauern sich
mühsam entlang, am Geländer auf schwankender
Brücke.

Den Abgrund ahnen sie nicht, und Warnung
schnellt
an ihnen vorbei, ein fremdes Gefährt, kaum
beachtet.

Denn nie erfuhren sie der Untiefe Schwarz.
Wem aber der Klang aus meinen Saiten ins Herz
dringt,
wird klagen: Was entreißt du dem Rausch uns,
Seherin?

So wie ich euch, ihr Olympier, anklagen möchte.
Wahrheit, sie lähmt nur und schlägt uns nieder.

GLAUBENSFEIND

Glaubensfeind,
gottverfluchter,
aus dem Fenster,
du verruchter.

Von der Brücke
in den Fluß -
In die Sümpfe
Gnadenschuß.

Angeschwärzt.
Ausgemerzt.

MEIN BRUDER WOLF

Mein Bruder Wolf
leckt seine Jungen,
liebkost die Wölfin.
Gesträubt das Fell,
auf nächtlicher Fährte,
lehrt seine Jungen
Ansprung und Zugriff.
Sein Hunger schlägt
die Zähne ins Fleisch.

TAUB SEIN

Nicht die Salven hören,
Schreie der Verletzten,
Flüche und Gebet Verzweifelnder,
Schluchzen Heimatloser und Verwaister.
Taub sein.

Nicht die roten Lachen
auf dem Pflaster sehen,
Elende vor Brandruinen,
Hungernde in kalten Kellern,
Flüchtende, gepfercht auf Wagen.
Blind sein.

Keine Klage. Kein Bericht.
Keine Überlieferung.

VERTREIBUNG UND FLUCHT (März 1999)

Während Kugeln den Wehrlosen treffen,
Kolben und Knüttel
Schädel zerspalten,
brennende Heimstatt im Rücken
fliehn sie vor Panzern, Granaten.
Grauen durchbebt, ins Hirn gebrannt,
daß Menschen beteuern
Gottes Liebesgebot im Gebet
und grausam den Nachbarn morden.

Auf unwegsamem Gebirgspfad
überladene Fuhren,
Kranke auf Karren, sie
fliehn, ohne Habe, das
nackte Leben zu retten,
fliehn vor entfesseltem Haß.

Jenseits der Grenze
Argwohn, Mißtrauen, Elend.
Über Knospen und Blütenduft
schwelender Rauch,
Todesgeruch.

NICHT GOTTES WERK

Still unter saurem Regen
kümmert das Laub, vergilbt.
Grauer Befall auf den Blättern.
Nicht Gottes Werk.

Jagen nach Abenteuern,
Reizen, Vergnügen:
Flüsse und Seen vergiftet,
Almen und Matten verdorrt.
Aus den zerfallenden Riffen
flüchten die Fische.
Nicht Gottes Werk.

Nackt um das goldene Kalb
tanzen Berauschte.
Vieldeutig hier
Glauben und Denken und dort
drohend in Furcht gehalten
Anhänger anderen Glaubens.
Nicht Gottes Werk.

Laut durch die Kontinente
Wüten und Rufen:
Kreuzigen, kreuzigen.
Nicht Gottes Urteil.

MEHR, MEHR

Ausgebeutet die Gruben,
Erzlager, Regenwald.
Fronen der Elenden.
Ölquellen, Meere geplündert.

Wachstum, mehr Wachstum...
Höher die Schlote,
Hotelbarrikaden,
Hochhäuser, Wohntürme.
Armut versteckt.

Gold aus dem Elend
schöpfen Piraten.
Handel mit Drogen, Organen,
Frauen und Kindern.
Reicher Gewinn.

Eisberge zerbrechen.
Fluten, Orkane verwüsten
Küste und Stadt.
Rundfunk und Fernsehn
künden es allen.

Mehr Dürre, mehr Hunger,
mehr Flucht und Vertreibung.

VERSTRAHLT, VERGLÜHT

Irrer Vogel –
In düsterem Rauch
brennt sein Gefieder.
Aschenwind erstickt
später Blüten
flammendes Rot.

Fahlendes Laub
in Schwefeldämpfen,
kranker Wald.
Den glühenden Herbst
löscht
bleifarbener Schnee.

ZUKUNFTSSPIELE

Sie spielen Zukunft,
sie mischen, sie proben,
die Gnomen, die Toren.
Sie spielen mit Minen.

Der Erdrutsch verschüttet
Hoffnung und Not.

WASCHE DAS WEISS

Wasche das Weiß aus den Blättern,
den zähen Belag
aus dem Gefieder der Vögel.
das Gift aus den Wurzeln.

Wasche das Blut von den Lippen,
den Schmerz von der Stirn.

Nicht aus den Wolken
Regen, erdenstoffschwer.
Schenk uns, Himmel, die Gnade,
heilendes Wasser.

DIE BESTE ALLER WELTEN

Prästabiliert
die beste aller Welten,
noch aus den Fugen nicht,
noch Harmonie.

Im Gleichgewicht:
Nestbau und flügge Brut.
Auf Blütenmeer
folgt Fruchtstand, Frost
und Steigen junger Säfte.

Kein Gleichgewicht:
Wildwasser reißen
Muren nieder.
Salzwüste wächst.
Brunnen versiegt.

Wo Gleichgewicht?
Das Schwarzgold wälzt
glanzstarrendes Gefieder
und tote Fische auf
verseuchten Strand.

Wo Gleichgewicht?
Gasige Schwaden
verdüstern den Himmel.
Schlachten im Dunkel der
Straßenschluchten.
Flucht vor Fluten, Feuer, Terror.

Die beste aller Welten...

TIEF IN DIE ZEIT

Tief in die Zeit
werfen das Blei.
Was keimt in der Wirrnis?
Was wächst aus der Tiefe,
verbirgt mir der Grund?

Tief in die Zeit
bohren das Rohr.
Brodeln und Gären.
Adern geplündert,
Quellen verstrahlt.

Weit aus der Zeit
zielt meine Hoffnung,
tastet nach Zukunft.

INGEBORG HUBERTI

geb. Koepchen
geb. 1923 in Hannover
Kindheit in Nordhorn
Studium der Geschichte, Germanistik,
Philosophie
in Leipzig, Marburg, Münster
Lehrerin am Gymnasium bis 1985
lebt in Erkrath
verheiratet, zwei Kinder
seit 1985 im Literaturkreis Era
Lesungen, Literaturtelefon
Veröffentlichungen:
Bergische Taschenliteratur
Tiefengestein, Lyrik, Fulda: VFA, 1997
Gesicht hinter Scheiben, Lyrik und Prosa, Fulda:
VFA, 1998

INHALT: **WEGGABELN - WEGMARKEN**

WEGGABEL

IM FLUSS DER ZEIT

SCHEINWERFERSCHEINWELT

ORPHEUS IM WALDE

PROMETHEUS 2000